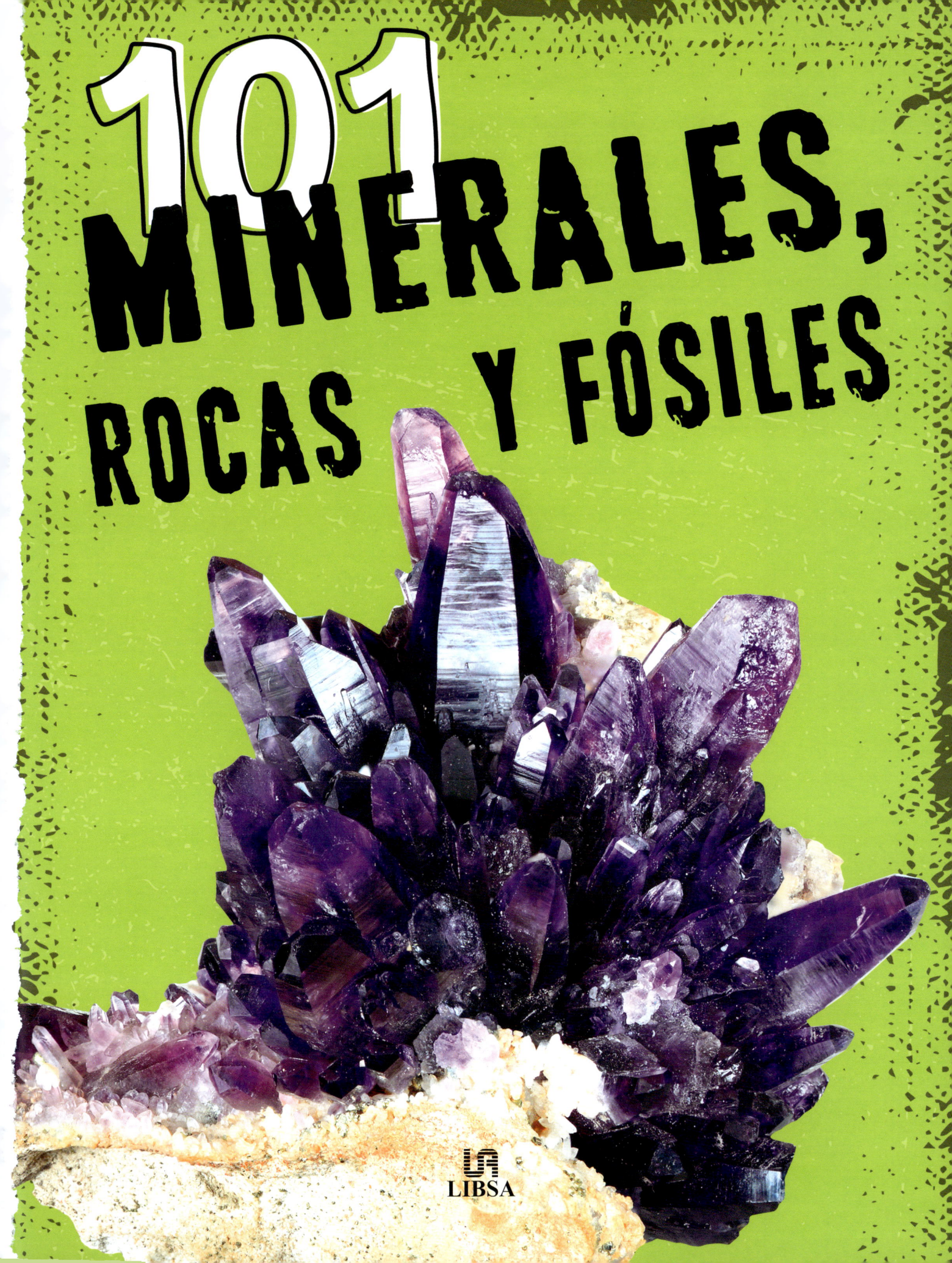

101 MINERALES, ROCAS Y FÓSILES

LIBSA

© 2024, Editorial LIBSA
C/ Puerto de Navacerrada, 88
28935 Móstoles (Madrid)
Tel.: (34) 91 657 25 80
e-mail: libsa@libsa.es
www.libsa.es

Textos: Carmen Martul Hernández
Ilustración: Archivo editorial Libsa,
Shutterstock Images
Maquetación: Roberto Menéndez
González -Diseminando Diseño Editorial
ISBN: 978-84-662-4333-9

DL: M-4911-2024

CONTENIDO

1 ADULARIA
Piedra de luna

¿Alguna vez has visto el reflejo luminoso que produce la Luna sobre una superficie de agua? Pues es muy parecido al brillo que parece salir del interior de esta piedra. Por eso, su curioso nombre.

Color	Incoloro, blanco, gris, amarillo, azul, verde, naranja suave, rosa, pardo rojizo, arcoíris
Abundancia	Poco abundante
Usos	De interés científico y para joyería

Esta hermosa piedra es muy ligera y frágil, por lo que debes tratarla con cuidado y procurar que no se golpee, pues se rompería fácilmente.

BRILLO
Vítreo

DUREZA
6-6,5

RAYA
Incolora

2 ÁGATA
Con mil colores

Esta piedra resulta inconfundible por sus vivas tonalidades, del mismo o de distinto color, que se distribuyen formando bandas concéntricas, es decir, situadas una a continuación de otra, alrededor de un centro común.

Color	Muchos diferentes
Abundancia	Abundante
Usos	En joyería y como adorno

Los romanos mezclaban el polvo de ágata con agua y lo bebían cuando sufrían la mordedura de una serpiente, pues creían que neutralizaba el veneno.

BRILLO
Vítreo

DUREZA
6,5-7

RAYA
Blanca

3 AGUAMARINA
Del color del mar

El nombre de esta hermosa gema hace referencia a su color, que puede compararse al del agua del mar. Esa tonalidad azul, tan apreciada para tallar joyas, se debe a la presencia de hierro en su composición química.

■ Antiguamente, los marineros utilizaban las aguamarinas como amuletos de buena suerte para que les protegieran durante las fuertes tormentas en el mar.

Color	De azul intenso a verde azulado
Abundancia	Abundante
Usos	En joyería

BRILLO
Vítreo

DUREZA
7,5-8

RAYA
Blanca

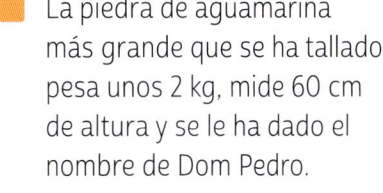

Las aguamarinas de mayor calidad proceden de Brasil, de la región de Minas Gerais.

Minas Gerais

■ La piedra de aguamarina más grande que se ha tallado pesa unos 2 kg, mide 60 cm de altura y se le ha dado el nombre de Dom Pedro.

En la naturaleza se presenta formando cristales de forma prismática hexagonal.

En joyería, para intensificar su color, se calientan a elevadas temperaturas, sin sobrepasar los 450 °C.

■ Pertenece a la misma familia de minerales que la esmeralda.

4 AMATISTA
El poder del violeta

Tradicionalmente, esta piedra ha sido una de las más cotizadas para hacer piezas de joyería. Aunque también se le han dado otros usos; por ejemplo, Leonardo da Vinci dejó escrito que aumentaba la inteligencia y alejaba los malos pensamientos. ¿Lo probamos?

Color	Violeta
Abundancia	Muy abundante
Usos	En joyería y como adorno

BRILLO
Vítreo

DUREZA
7

RAYA
Blanca

La amatista más grande hallada hasta ahora se encontró en Uruguay en 2007. Mide más de 3 m de alto y pesa dos toneladas y media.

5 ÁMBAR

Un mineral orgánico

Se trata de una resina fosilizada procedente de distintas plantas, sobre todo coníferas. A veces lleva incluidos en su interior fósiles de insectos o de plantas (hojas, ramitas...), que se distinguen muy bien por transparencia.

Color	Amarillo, a veces pardo o rojizo
Abundancia	Poco abundante
Usos	En joyería y como adorno

El ámbar posee dos características que lo hacen inconfundible: flota en el agua del mar y despide un penetrante aroma a incienso cuando se quema.

BRILLO
Resinoso

DUREZA
2-2,5

RAYA
Blanca

6 APATITO
Mineral muy útil

Color	Incoloro, verde, azul, violeta, púrpura, rosa, amarillo, rojo-marrón
Abundancia	Muy abundante
Usos	Elaboración de fertilizantes, en la industria química y en joyería

No es habitual que un mineral tenga usos tan variados como este. Y es que los ejemplares más bellos y de mayor pureza se emplean en joyería, mientras que el resto constituye la base para la elaboración de abonos y fertilizantes ricos en fósforo puro y en sus sales.

■ Su nombre proviene del griego *apate*, que significa «equivocarse». El motivo de esa elección es porque se trata de un mineral que a simple vista puede confundirse con muchos otros.

BRILLO
Vítreo

DUREZA
5

RAYA
Blanca

7 ARAGONITO
Blando y frágil

Su nombre proviene de la localidad española de Molina de Aragón, donde fue descubierto en 1788 por un mineralogista alemán. En la naturaleza, además de encontrarse como mineral aislado, también forma parte del esqueleto de algunos organismos marinos.

Color	Muchos colores
Abundancia	Poco abundante
Usos	Piedra de adorno, de interés científico y para coleccionistas

■ Algunas variedades tienen propiedades magnéticas, es decir, atraen o repelen a otros materiales. Otras variedades brillan con una fluorescencia azul, amarilla o rosa.

BRILLO
Vítreo

DUREZA
3-4

RAYA
Blanca

8 AVENTURINA
Variedad de cuarzo

Se dice que esta piedra atrae la abundancia y la riqueza. Debido a esa fama, los buscadores de oro del siglo XIX la utilizaban como amuleto para alcanzar el éxito en su búsqueda del precioso mineral dorado.

Color	Verde y otros colores
Abundancia	Poco abundante
Usos	En joyería y como adorno

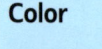 Su nombre proviene del italiano *ventura*, que significa «azar», y es que su descubrimiento se produjo por casualidad. También se la conoce como venturina o cuarzo verde.

BRILLO
Vítreo

DUREZA
7

RAYA
Blanca

9 AZABACHE
La belleza del negro

Color	Negro brillante
Abundancia	Rara
Usos	En joyería

Los enormes árboles que cubrieron nuestro planeta durante los periodos Jurásico y Cretácico de la era secundaria fueron la materia prima a partir de la cual se formó el azabache, que es una variedad de carbón.

 Se dice que el azabache es una piedra que protege de todos los males.

BRILLO
Vítreo

DUREZA
6,5

RAYA
Parda
oscura

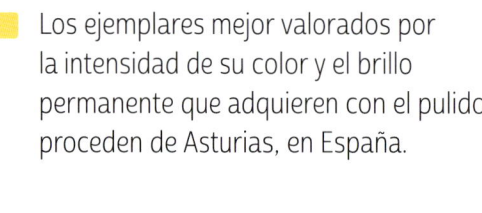 Los ejemplares mejor valorados por la intensidad de su color y el brillo permanente que adquieren con el pulido proceden de Asturias, en España.

10 AZUFRE En el corazón del volcán

De los más de cien elementos químicos que se incluyen en la tabla periódica, solo unos 20 se han hallado en la naturaleza en estado nativo, es decir, aislados, sin combinarse con otros. El azufre es uno de ellos.

■ Es la principal materia prima para la obtención de ácido sulfúrico; también se emplea en la fabricación de cerillas, pólvora, pinturas, fertilizantes y sustancias medicinales para tratar ciertas afecciones.

Color	Amarillo
Abundancia	Poco abundante
Usos	En la industria química y farmacéutica

BRILLO
Graso o sedoso

DUREZA
1,5-2,5

RAYA
Amarilla clara

Es un mineral muy ligero y frágil.

■ Arde con una llama de color azul, desprendiendo dióxido de azufre, que es un gas con olor a huevo podrido que irrita los ojos y las mucosas.

■ En estado nativo es poco abundante, pero combinado con otros compuestos, formando una gran variedad de minerales, como la pirita, se convierte en el decimosexto elemento más abundante en la corteza terrestre.

Este mineral aparece con frecuencia en las regiones volcánicas.

11 AZURITA
Rara y hermosa

Color	Azul, de celeste a oscuro
Abundancia	Poco abundante
Usos	En joyería, como piedra ornamental y para la extracción de cobre

El nombre de este mineral se debe a la característica coloración azul intensa que presentan sus cristales. Antiguamente, con él se preparaba un polvo, llamado azul montano o piedra de Armenia, que se utilizaba como colorante para barnices.

■ Como todos los minerales de cobre, la azurita es tóxica, pero no te asustes porque no hay peligro en manipularla con las manos.

BRILLO
De vítreo a mate

DUREZA
3,5-4

■ En la naturaleza, a menudo aparece asociada a otro hermoso mineral de color verde, la malaquita.

RAYA
Azul

De este mineral se extrae el bario, muy utilizado en la industria minera, petrolífera, papelera y textil. En medicina, el bario es el principal componente de la sustancia que se ingiere para realizar las radiografías de contraste del aparato digestivo: recubre el esófago, estómago o intestinos y permite ver las áreas enfermas o dañadas.

12 BARITA
Aliada de la medicina

■ Se trata de un mineral muy pesado, a pesar de no ser metálico, y esta característica sirve para identificarlo.

Color	Colores muy variados
Abundancia	Abundante
Usos	En medicina y en las industrias minera, petrolífera, papelera y textil

Cumberland

GRAN BRETAÑA

Cornualles

Los mejores cristales de baritina se extraen en Cumberland y Cornualles (Gran Bretaña), pero el mayor productor es China.

BRILLO
Vítreo o perlado

DUREZA
3-3,5

RAYA
Blanca

BERILO Se convierte en joya

Este mineral agrupa a algunas de las piedras preciosas más hermosas y apreciadas en joyería, como las esmeraldas y el berilo rojo, que son las variedades que alcanzan precios más elevados en el mercado.

- Este mineral contiene berilio, que es un elemento muy tóxico cuando se inhala. Por eso, las gemas de berilio hay que trabajarlas tomando las debidas precauciones.

- Se presenta formando cristales prismáticos hexagonales que pueden llegar a alcanzar hasta 9 m de longitud y 25 toneladas de peso.

BRILLO
Vítreo, céreo o graso

DUREZA
7,5-8

RAYA
Blanca

Color	Blanco grisáceo (berilo común), transparente (goshenita), amarillo dorado (heliodoro), rosa (morganita), rojo (bixbita), verde (esmeralda), azul (aguamarina)
Abundancia	Abundante
Usos	El berilo común se utiliza en la industria nuclear, aeronáutica, en lámparas fluorescentes y tubos de Rayos X; las variedades coloreadas son piedras preciosas para joyería

ESTADOS UNIDOS

Estados Unidos es el principal país productor de berilo común y del apreciadísimo y raro berilo rojo.

Las primeras «bolas de cristal» que utilizaron los adivinos se hacían con este mineral.

⑭ BLENDA Muy frágil

Este mineral también se conoce con el nombre de esfalerita y a menudo aparece en la naturaleza asociado a sales de metales preciosos, como la plata, o junto a otros minerales como la pirita, la baritina o la galena.

■ La variedad de color negro posee un alto contenido en hierro; las que contienen magnesio, cadmio o indio son de tonalidades rojizas o amarillas acarameladas.

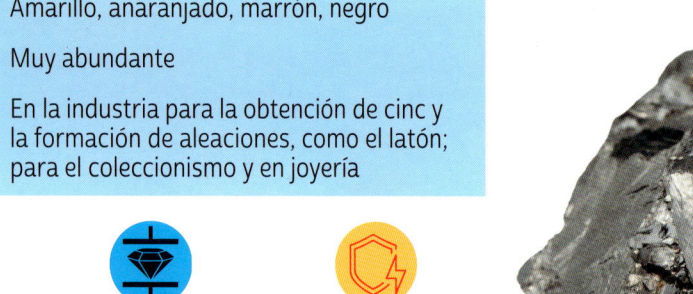

Color	Amarillo, anaranjado, marrón, negro
Abundancia	Muy abundante
Usos	En la industria para la obtención de cinc y la formación de aleaciones, como el latón; para el coleccionismo y en joyería

BRILLO
Adamantino o resinoso

DUREZA
3,5-4

RAYA
De amarillo pálido a marrón

⑮ CALCITA
Innumerables usos

Es uno de los minerales más abundantes en la naturaleza (forma el 4% en peso de la corteza terrestre), y de mayor utilidad. Los más puros se emplean para hacer los prismas polarizadores de los microscopios que se emplean en mineralogía, y las masas compactas, en edificación, metalurgia y en las industrias químicas y de fertilizantes.

Color	Variable, según las impurezas
Abundancia	Muy abundante
Usos	Muy variados

■ El espato de Islandia es una variedad de calcita transparente que tiene la propiedad óptica de producir una doble refracción de la luz. Se comprueba poniendo uno de estos cristales sobre un papel en el que se haya dibujado una raya; al mirar a través de él, se verán dos.

BRILLO
Vítreo

DUREZA
3

RAYA
Blanca

16 CALCOPIRITA
Con brillantes iridiscencias

Además de lo atractivo de su aspecto, que lo convierte en un mineral muy apreciado por los coleccionistas, la calcopirita tiene gran interés industrial para la obtención de cobre, ya que en estado puro casi un 35 % de su peso corresponde a ese metal.

■ Se puede confundir con el oro debido a su color dorado tan llamativo.

Color	Amarillo latón, amarillo miel
Abundancia	Muy abundante
Usos	Obtención industrial de cobre

BRILLO
Metálico

DUREZA
3,5-4

RAYA
Negra verdosa

17 CASITERITA
Entre la arena

Los mayores yacimientos de este mineral, de gran importancia económica, se localizan entre las arenas y los depósitos de materiales que son arrastrados y depositados por las corrientes de agua en ríos y mares.

■ Hay una variedad de casiterita llamada «leñosa» porque su aspecto recuerda al de la madera.

Color	Pardo oscuro, negro
Abundancia	Poco abundante
Usos	Es un mineral fundamental para la obtención de estaño

BRILLO
Adamantino

DUREZA
6-7

RAYA
Blanca pardusca

18 CELESTINA

Muchas aplicaciones

Su nombre deriva de la palabra latina *caelestis*, que significa «celeste», en relación al color que presentaban los primeros cristales que se hallaron a finales del siglo XVIII.

 La geoda de celestina más grande hallada hasta el momento mide unos 10 m y fue descubierta en el siglo XIX en el estado de Ohio, Estados Unidos.

Color	Incoloro, blanco, gris, azulado; más raro, rojizo
Abundancia	Poco abundante
Usos	Extracción de estroncio, en la industria química, nuclear y eléctrica; para la fabricación de fuegos artificiales

BRILLO
Vítreo o perlado

DUREZA
3-3,5

RAYA
Blanca

El estroncio que se extrae de este mineral se emplea en la industria pirotécnica para obtener el color rojo en los fuegos artificiales.

Su nombre proviene de la palabra persa *zinjirfrah* y del término árabe *zinjafr*, que significan «sangre de dragón», una denominación inspirada por el color rojo intenso que presenta este mineral en la naturaleza.

Color	Rojo intenso
Abundancia	Abundante
Usos	Para la obtención de mercurio, en instrumental científico y médico, en aparatos eléctricos

19 CINABRIO

Bello y peligroso

En la antigüedad se empleaba para obtener un colorante mineral de color rojo muy potente que se conocía como bermellón y se empleaba en pintura, ilustraciones y cerámica.

En estado puro, este mineral puede contener algo más del 86 % de mercurio, que es el único metal líquido que existe. Es muy peligroso ingerirlo o inhalar sus vapores.

BRILLO
Adamantino o terroso

RAYA
Roja

DUREZA
2-2,5

20 CIRCÓN — El falso diamante

No hay que confundir circón con circonita: el primero es un mineral natural, mientras que la segunda es un material artificial que se obtiene en el laboratorio y la industria.

Color	Incoloro, amarillo, verde, rojo, azul, violeta, negro
Abundancia	Abundante
Usos	En la industria para la obtención de circonio, torio y hafnio; algunas variedades se emplean en joyería

BRILLO
Adamantino o aceitoso

DUREZA
7,5

RAYA
Blanca

Algunas variedades de este mineral se emplean como gemas en joyería y se tallan con las mismas formas que los diamantes para crear joyas de un precio más asequible.

Los científicos han encontrado en Australia una piedra de circón con casi 4500 millones de años de antigüedad, lo que la convierte en el cristal más antiguo hallado en la corteza terrestre.

21 CITRINO

Del color del sol

Color	Amarillo, naranja
Abundancia	Poco abundante
Usos	Joyería, fabricación de herramientas de corte, industria del vidrio y cerámica

Este tipo de cuarzo recibe este nombre especial por su color (proviene de la palabra francesa *citron*, que significa «limón»). Ese color amarillo que caracteriza al citrino se debe a la presencia de hierro en su composición.

El mayor cristal de citrino hallado hasta ahora tiene un peso de 20 200 quilates (algo más de 4 kg) y procede de una explotación minera de Minas Gerais, en Brasil.

Los mejores ejemplares de citrino se extraen en Brasil, Uruguay, Mozambique y Madagascar.

BRILLO
Adamantino

DUREZA
6-7

RAYA
Blanca pardusca

22 COBRE Gran valor práctico

Constituye uno de los pocos elementos metálicos que se hallan en la naturaleza en estado puro o nativo, es decir, sin combinar con otros. Se presenta habitualmente formando masas compactas, a veces de gran tamaño, o en forma de filamentos o hilos.

Color	Rojo cobrizo
Abundancia	Raro
Usos	En la industria eléctrica y electrónica, para la creación de aleaciones

BRILLO
Metálico

DUREZA
2,5-3

RAYA
Roja cobriza

■ Junto con el hierro, fue uno de los primeros minerales que los hombres prehistóricos utilizaron para crear sus utensilios; está estrechamente asociado al desarrollo de la civilización.

■ Una de las principales propiedades del cobre es que es un magnífico conductor del calor y la electricidad.

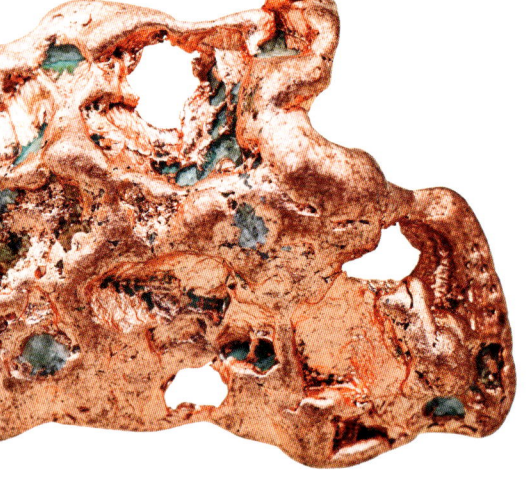

■ Su nombre proviene de la palabra latina *cuprum* que, a su vez, deriva de la expresión *aes cyprium*, que significa «de Chipre», en alusión a la importancia de las minas de cobre de esa isla.

En la actualidad, el cobre es el tercer metal más empleado, después del hierro y el aluminio.

Es un elemento imprescindible para fabricar aleaciones, como el latón (cobre y cinc) y el bronce (cobre y estaño).

23 CORAL Tesoro marino

En realidad, el coral no es un mineral en sí mismo, sino que se trata del esqueleto duro, compuesto por carbonato de calcio, que forman las colonias de algunos organismos marinos. Cuando los animales de la colonia van muriendo, su esqueleto coralino permanece intacto, como si fuera una roca.

La extensión de corales más grande del mundo es la Gran Barrera de Coral de Australia, que se extiende a lo largo de unos 2300 km.

Color	Rojo, naranja, azul, blanco y negro, principalmente
Abundancia	Poco abundante
Usos	En joyería y como adorno

BRILLO
Vítreo, ceroso

DUREZA
3-4

Hay muchas variedades de este mineral. Las más abundantes son las semiopacas de colores grises o pardos; pero hay otras transparentes y coloreadas que son piedras preciosas de gran valor, como el rubí (color rojo) y el zafiro (color azul).

Color	Gran variedad
Abundancia	Abundante
Usos	Las variedades transparentes y coloreadas son piedras preciosas para joyería; el resto son buenos abrasivos y también se emplean en instrumentos científicos y relojería

BRILLO
Vítreo

DUREZA
9

RAYA
Blanca

24 CORINDÓN
Duro y hermoso

Además de su gran dureza, otra propiedad interesante del corindón es que no se puede fundir ni disolver empleando los medios habituales.

Se trata de un mineral con una extraordinaria resistencia al rayado, superado únicamente por el diamante.

17

CRISOBERILO
Cambia de color

Una variedad de crisoberilo conocida como alejandrita presenta una curiosa propiedad: si se observa a la luz del sol, se muestra de color verde oscuro; pero si ese examen se lleva a cabo con luz artificial, el mismo cristal aparece coloreado en tonos rojizos. ¡Una inesperada sorpresa!

Color	Incoloro, pardo, verde, amarillo, grisáceo, azul
Abundancia	Raro
Usos	La alejandrita y la cimofana se emplean en joyería

La variedad conocida como cimofana presenta una coloración tornasolada, azulada o amarillenta.

BRILLO
Vítreo

DUREZA
8,5

RAYA
Blanca

CRISOCOLA
Aquí hay cobre

26

Su nombre proviene de dos palabras griegas, *chrysos*, que significa «oro», y *kolla*, «pegamento», ya que este mineral era el que se usaba en la antigua Grecia para soldar el oro.

Algunos estudios realizados en los últimos años han puesto en duda que se trate de un auténtico mineral y postulan que es una mezcla de spertinita (mineral), calcedonio u ópalo y agua.

Color	Verde brillante, azulado
Abundancia	Abundante
Usos	Para la extracción de cobre, en joyería y como adorno

BRILLO
Vítreo, opaco

DUREZA
2,5-3,5

RAYA
Blanca

CUARZO El de las mil caras

Si hay un mineral que se muestra en la naturaleza con una gran variedad de formas y colores, ese es el cuarzo; puede aparecer desde formando enormes cristales de 130 kg de peso hasta en masas compactas; también puede presentar variedades extraordinariamente transparentes y otras completamente opacas.

CUARZO LECHOSO

La variedad incolora es el cristal de roca, la de color blanco se denomina cuarzo lechoso y las pardas oscuras, cuarzo ahumado.

Color	Gran variedad
Abundancia	Muy abundante
Usos	Gran interés industrial en diversas áreas; las variedades más hermosas, en joyería

DUREZA
7

RAYA
Blanca

CRISTAL DE ROCA

CUARZO AHUMADO

CITRINO

AMATISTA

JACINTO DE COMPOSTELA

Si es de color amarillo se llama citrino, la variedad violeta es la amatista y la roja, el jacinto de Compostela. También hay variedades azuladas y rosadas.

OJO DE TIGRE

Las variedades compactas y microcristalinas (formadas por cristales pequeñísimos) se denominan calcedonias. Aquí puedes ver una imagen ampliada.

El ojo de tigre es una mezcla de colores pardos y amarillentos, y el ojo de gato es verde oscuro con reflejos amarillos.

OJO DE GATO

28 CUPRITA Rica en cobre

Este mineral suele presentarse en la naturaleza en forma de cristales muy pequeños, pero en 1970 se descubrió en Namibia un depósito de cuprita que producía cristales de gran tamaño y hasta 300 quilates de peso (unos 60 gr).

Color	Distintos tonos de rojo, negro
Abundancia	Poco abundante
Usos	En la industria para la obtención de cobre; los cristales más transparentes y mejor formados se emplean en joyería

BRILLO
Adamantino, submetálico

DUREZA
3,5-4

RAYA
Roja pardusca

■ Los cristales de cuprita tallados poseen un brillo superior al del diamante.

■ Se oxida muy fácilmente por la acción de los agentes atmosféricos y cambia su coloración habitual por un tono verdoso.

29 DIAMANTE

La gema más cotizada

■ En la actualidad también se comercializan diamantes sintéticos obtenidos en el laboratorio.

El diamante, que es la piedra preciosa más valiosa del mundo, también es la de composición más simple, pues es exclusivamente carbono cristalizado. ¡Vaya sorpresa! Se forma en el interior de la Tierra, a profundidades de unos 140-190 km y tarda en formarse entre 1000 y 3000 millones de años.

Color	Incoloro, amarillo, gris, pardo; más raramente, blanco, rosado, rojo, anaranjado, azul, violeta, verde, negro
Abundancia	Raro
Usos	En joyería, en industria para serrar, pulir y agujerear piedras, y en medicina para fabricar pequeñas herramientas

BRILLO
Adamantino

DUREZA
10

RAYA
No se raya

Diamantes en bruto, sin cortar, en varios colores.

30 ESMERALDA
Un color único

Se trata de una variedad del mineral berilo, que adquiere su característico color verde debido a la presencia de cromo en su composición. La esmeralda es una de las piedras preciosas más caras en joyería.

Color	Verde profundo
Abundancia	Rara
Usos	En joyería

BRILLO
Vítreo

DUREZA
7,5-8

RAYA
Blanca

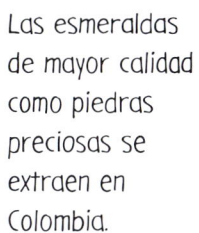

COLOMBIA

Las esmeraldas de mayor calidad como piedras preciosas se extraen en Colombia.

La esmeralda tallada más grande del mundo se llama Teodora y pesa 11,4 kg (57500 quilates).

Las minas más antiguas de esmeraldas se hallaban al norte de Egipto y se explotaron hace unos 3500 años.

El valor de las esmeraldas depende de su grado de transparencia.

Se dice que a Cleopatra le encantaban las piedras preciosas, sobre todo, las esmeraldas.

El emperador romano Nerón se hizo fabricar unos anteojos con esmeraldas para contemplar las hazañas de los gladiadores en el circo.

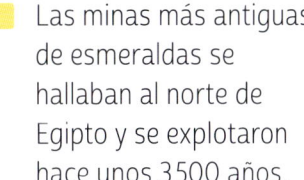

31 ESPINELA

El «falso» rubí

A la luz del día, el brillo y el color de un buen cristal de espinela puede hacer que se confunda con un rubí. Por ejemplo, la piedra conocida como «Rubí Príncipe Negro», perteneciente a la corona británica, es en realidad una espinela de gran valor, con un peso de 170 quilates (34 gm).

Color	Muchos tonos; las más apreciadas son las de color rojo
Abundancia	Poco abundante
Usos	En joyería, interés científico y para coleccionistas

BRILLO
Vítreo

DUREZA
8

RAYA
Blanca

Las diferentes tonalidades de las espinelas se deben a la presencia de distintos minerales en su composición; así, la roja lleva cromo y la verde, hierro.

Color	Variable; transparente en estado puro
Abundancia	Muy abundante
Usos	En la industria metalúrgica, para la obtención de vidrios y esmaltes especiales, así como de ácido fluorhídrico, para uso decorativo y para colección

32 FLUORITA

Mineral de museo

Su nombre hace referencia a la propiedad que tienen algunas variedades de este mineral para emitir fluorescencia cuando son iluminadas con luz ultravioleta.

El color de este mineral depende de sus componentes, pero su peculiaridad es que, a veces, componentes diferentes producen colores semejantes. El más habitual es el violeta, desde el tono más oscuro hasta el rosado pálido.

Cuando la fluorita se calienta durante bastante tiempo emite una luminiscencia de color verde amarillento.

BRILLO
Vítreo

DUREZA
4

RAYA
Blanca

33 GALENA — Con muchas aplicaciones

Antes del desarrollo del componente electrónico conocido como diodo, los cristales de este mineral se utilizaron en las radios antiguas, las llamadas «radios de galena», en las que actuaban rectificando las señales captadas por la antena.

Color	Gris plomo
Abundancia	Muy abundante
Usos	Para la obtención industrial de plomo

Este mineral está formado mayoritariamente por plomo (contiene hasta un 86 %). También suele llevar inclusiones de plata.

En el Antiguo Egipto, la galena se molía para hacer el *kohl*, un cosmético que se aplicaba en los ojos y las pestañas para protegerlos.

BRILLO Metálico

DUREZA 2,5-3

RAYA Gris plomo

34 GRANATES — Muchas variedades

Bajo esta denominación se agrupa una serie de minerales cuyo componente básico es un silicato. El nombre deriva de la palabra latina *granatum*, en referencia a que la mayoría de ellos presentan el aspecto y el color de la fruta llamada granada.

Color	Todos, excepto azul; el rojo es el más común
Abundancia	Poco abundante
Usos	Los cristales más transparentes, en joyería; los más duros, como abrasivo

Una de las variedades más caras de granate es la uvarovita, de color verde esmeralda o verde negruzco, que se extrae en los montes Urales.

La variedad de granate más abundante es el almandino, de color rojo o pardo rojizo, a veces con reflejos violáceos o castaños.

BRILLO Vítreo o resinoso

DUREZA 6,5-7,5

RAYA Blanca

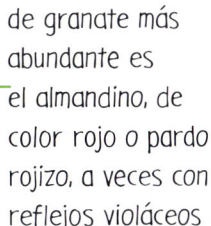

35 HALITA
La moneda de la antigüedad

También conocida como sal gema o sal común, este mineral ha sido uno de los que ha tenido mayor importancia para la humanidad desde el comienzo de la civilización. Desde los tiempos más remotos se ha usado como moneda para los trueques y el comercio.

Color	Incoloro o blanco; otros colores si contiene impurezas
Abundancia	Muy abundante
Usos	En alimentación, en la industria química y en la óptica de infrarrojos, para la fabricación de lentes y prismas

 **BRILLO**
Vítreo, aunque algo mate

 DUREZA
2,5

 RAYA
Blanca

36 HEMATITES
Pigmento prehistórico

Color	Rojo muy oscuro, negro
Abundancia	Muy abundante
Usos	Para la extracción de hierro, como agente de pulimento, en pinturas y para fabricar pigmentos colorantes

También conocida como hematita u oligisto, este mineral de hierro sirvió de base para elaborar la mayor parte de los pigmentos utilizados en las célebres pinturas rupestres de las prehistóricas cuevas de Altamira, en Cantabria (España). Se halla presente en numerosos tipos de roca.

 BRILLO
De metálico a mate

 DUREZA
5-6

 RAYA
Roja teja

Cuando se raya produce un polvo de intenso color rojo, que es el causante del nombre que le daban los antiguos griegos y romanos: «piedra de sangre» o «piedra parecida a la sangre».

37 HIERRO Marcó un cambio

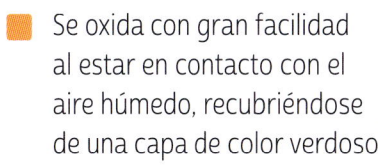

Este mineral ha sido tan importante en la historia del hombre que ha llegado a dar su nombre a una etapa prehistórica, la Edad del Hierro, que comprende el periodo en que se popularizó su uso para elaborar armas y diversos instrumentos útiles en la vida cotidiana.

- Se oxida con gran facilidad al estar en contacto con el aire húmedo, recubriéndose de una capa de color verdoso.

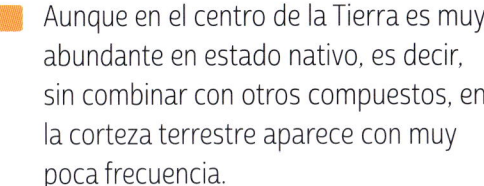

Color	Grisáceo, negruzco
Abundancia	Raro
Usos	En la industria siderúrgica para la obtención de hierro y sus aleaciones, como el acero

BRILLO
Metálico

DUREZA
4-5

RAYA
Gris acero

- Aunque en el centro de la Tierra es muy abundante en estado nativo, es decir, sin combinar con otros compuestos, en la corteza terrestre aparece con muy poca frecuencia.

- El hierro es indispensable en los seres vivos, aunque en pequeñas cantidades. Se necesita para el transporte de oxígeno entre las células, en el crecimiento y en otros procesos metabólicos.

Más frecuente que el hierro terrestre es el de origen meteórico, que llega desde el universo, habitualmente combinado con níquel y cobalto.

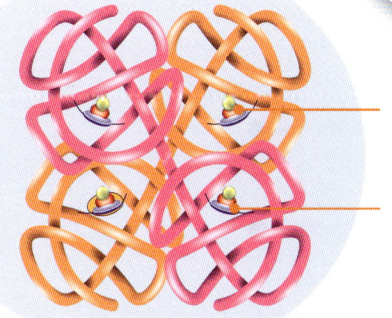

VASO SANGUÍNEO

GLÓBULO ROJO

HIERRO

MOLÉCULA DE OXÍGENO

25

38 JACINTO DE COMPOSTELA

Un color muy atractivo

Esta variedad de cuarzo recibe este nombre tan curioso porque se cuenta que era una de las piedras que recogían los peregrinos del Camino de Santiago para venderlas cuando llegaban a su destino.

Color	Rojo, anaranjado
Abundancia	Poco abundante
Usos	En joyería y como adorno

■ En la naturaleza se presenta formando pequeños cristales de unos 4 cm o en agregados que recuerdan a una piña.

BRILLO
Entre vítreo y céreo

DUREZA
7

RAYA
Blanca

Dos de las variedades más hermosas de jadeíta son la denominada azul olmeca, que se empleó históricamente en joyas y objetos de la cultura olmeca, en Mesoamérica, y la conocida como «Imperial Green», de color verde esmeralda.

39 JADEÍTA

Digna de reyes

Color	Verde, verde azulado, blanco
Abundancia	Rara
Usos	Material precioso para tallar joyas y objetos decorativos

■ El nombre de «jade» es un término comercial que se refiere tanto a este mineral como a la nefrita.

■ En el siglo XVIII, esta piedra alcanzó un precio fabuloso en Europa, pues se pensaba que podía curar algunas enfermedades del riñón.

BRILLO
Subvítreo

DUREZA
6-7

RAYA
Blanca

40 LABRADORITA
Bella y fascinante

Su nombre proviene del primer lugar donde se localizó, en la zona costera de la península canadiense del Labrador, en 1770, por un misionero checo. Aunque la descripción de este mineral y su consideración como tal no se produjo hasta unos cien años más tarde.

■ Su aspecto poco atractivo cambia radicalmente cuando giramos el mineral hasta una determinada posición; entonces emite unos espléndidos destellos que van desde el azul al violeta, pasando por el verde, el amarillo y el naranja.

Color	Verde pálido, azul; a veces, transparente o blanca grisácea
Abundancia	Abundante
Usos	En la industria, en ornamentación y joyería; también con interés para coleccionistas

 BRILLO De subvítreo a apagado

 DUREZA 6-6,5

 RAYA Blanca

Ya en el antiguo Egipto era considerada una piedra muy importante y preciada: con ella se adornaban los escarabajos sagrados o las máscaras funerarias. También se usaba machacada como medicina.

Color	Azul ultramar
Abundancia	Rara
Usos	En joyería y ornamentación

BRILLO Opaco

DUREZA 5-5,5

 RAYA Azul clara

41 LAPISLÁZULI
Para conectar con los dioses

■ En los siglos XII y XIII los reyes de Francia pusieron de moda las vestimentas teñidas de un color azul ultramar que se obtenía de este mineral.

■ En 1984 se convirtió en la piedra nacional de Chile, pues ese país es uno de los que ofrece una mejor producción.

MAGNETITA
La fuerza de un imán

Su nombre parece que deriva de la región griega de Magnesia, aunque otros lo relacionan con el del protagonista de una fábula, Magnes, un pastor que halló en el monte Ida un «raro» mineral que se adhería a los clavos de su calzado.

Color	Negro brillante
Abundancia	Muy abundante
Usos	En la industria siderúrgica, en aparatos médicos

Se trata del mineral más rico en hierro y el más importante para la extracción de este metal.

BRILLO
Metálico

DUREZA
5,5-6,5

RAYA
Negra

ÁFRICA

Mauritania

Monte Kediet ej Jill

La montaña Kediet ej Jill, la más alta de Mauritania, se ve desde los satélites como una mancha azulada y oscura debido a la gran cantidad de minerales de hierro (magnetita y hematita) que contiene.

La magnetita se emplea en los cartuchos de tóner de las impresoras, pues absorbe mejor la luz que otros pigmentos negros.

Las palomas mensajeras tienen en el pico pequeños gránulos de magnetita que, posiblemente, actúen como una brújula y les ayuden a orientarse.

43 MALAQUITA
Verde inconfundible

El cobre que entra en su composición (un 57 %) es el responsable del llamativo color de este mineral. Los antiguos egipcios lo molían para obtener un cosmético que se aplicaban en los ojos y los soldados griegos fabricaban brazaletes de malaquita para que les protegieran en la batalla.

Color	Verde en distintas tonalidades intensas
Abundancia	Poco abundante
Usos	En joyería y como ornamentación

En el Palacio de Invierno de San Petersburgo existe una estancia espectacular llamada la Sala de la Malaquita, ya que este mineral recubre las columnas, las chimeneas y las mesas.

BRILLO
Vítreo o céreo

DUREZA
3,5-4

RAYA
Verde claro

Color	Metálico
Abundancia	Raro
Usos	En la industria química y metalúrgica, para aparatos de medición

44 MERCURIO
Plata líquida

La característica más sobresaliente del mercurio es que se trata del único mineral que se halla en estado líquido en condiciones normales de presión y temperatura. Suele aparecer en forma de gotas o en cavidades en las rocas.

BRILLO
Metálico

RAYA
Blanco de plata

Junto al plomo y al asbesto, el mercurio es uno de los minerales más tóxicos que existen en la naturaleza.

Se trata de un peligroso contaminante del agua del mar. Los peces lo absorben y lo acumulan en sus tejidos y nosotros lo ingerimos al comer pescado.

45 MOLIBDENITA
Blanda como la mantequilla

Este es uno de los minerales más blandos que existen, tan blando que se puede cortar fácilmente con un cuchillo. Por su aspecto puede confundirse con el grafito, la hematites y la ilmenita; la diferencia entre ellos está en el color de la raya.

Color	Negro, gris plateado, violeta
Abundancia	Poco abundante
Usos	Para la extracción de molibdeno y en la industria electrónica

Cuando se toca este mineral produce una sensación «grasienta» y deja restos en los dedos.

 Es un mineral muy rico en molibdeno (de ahí su nombre); contiene hasta un 60 % de ese metal.

 BRILLO
Metálico

 **DUREZA**
1-1,5

 RAYA
Gris azulada

46 MOSCOVITA   Mica blanca

Su nombre proviene de la antigua provincia rusa de Moscovia, donde a mediados del siglo XIX se utilizaba, en láminas muy finas, para sustituir al vidrio en las ventanas. Existen variedades de diversos colores, que se diferencian por el mineral accesorio que más abunde en su composición.

Es de color blanco plateado cuando está en láminas delgadas; en masas más gruesas adquiere tonalidades amarillentas.

 BRILLO
Vítreo o nacarado

 **DUREZA**
2-2,5

RAYA
Blanca o incolora

Color	Variable
Abundancia	Muy abundante
Usos	En la industria eléctrica y papelera, como aislante térmico

47 OLIVINO
De las entrañas del volcán

Bajo esta denominación se agrupa una serie de minerales del grupo de los silicatos, algunos más ricos en hierro y otros en magnesio, principalmente. Estos últimos son los componentes principales del manto superior de la Tierra, es decir, de la capa intermedia que se halla entre la corteza externa y el núcleo interno.

Zebirget o San Juan

Red Sea

Color	Entre verde oliva y verde amarillento; castaño si está alterado
Abundancia	Muy abundante
Usos	Para la obtención de magnesio y la fabricación de elementos refractarios; en joyería las variedades más transparentes

Las islas Canarias es uno de los pocos lugares del mundo donde se puede encontrar este mineral con relativa frecuencia. Entre la arena negra de la playa del Charco Verde, junto a la Laguna de Ciclos, en el Parque Nacional de Timanfaya (Lanzarote), se pueden encontrar pequeños cristales de olivino, como es habitual en los paisajes de origen volcánico.

BRILLO
Vítreo

DUREZA
6,5

El olivino o peridoto más grande del mundo tallado como gema procede de la isla volcánica de Zebirget, en el Mar Rojo, y pesa 310 quilates (62 gr).

El olivino rico en magnesio se expulsa en las erupciones volcánicas en forma de grandes cristales de color verde.

48 ÓNICE — Juego de colores

Se trata de una variedad de calcedonia de origen volcánico, cuyos colores se realzan notablemente al pulir la piedra. El ónice ya se conocía en tiempos prehistóricos y se empleaba para la elaboración de armas, adornos y como material para el comercio.

Color	Blanquecino, rojizo, grisáceo, verde y negro
Abundancia	Abundante
Usos	En joyería

La variedad de ónice más apreciada es la negra con bandas de otros colores.

 BRILLO Vítreo

 **DUREZA** 7

49 ÓPALO

Arcoíris petricado

Esta es la única gema capaz de refractar los rayos luminosos y transformarlos en todos los colores del arcoíris. Este efecto no se debe a las impurezas, como en otros minerales con calidad de piedras semipreciosas, sino a su estructura interna en forma de enrejado.

Color	Diversos colores
Abundancia	Poco abundante
Usos	En joyería y de colección las variedades más puras; el resto, para diversas aplicaciones industriales.

Algunas variedades de ópalo presentan una fluorescencia amarillo verdosa.

 BRILLO De subvítreo a ceroso

 DUREZA 5-6,5

RAYA Blanca

Una variedad de ópalo, conocida como xilópalo, es el componente principal de los llamados bosques petrificados fósiles.

Símbolo del poder

Desde épocas remotas este mineral ha servido como moneda, adorno y símbolo de riqueza y poder. Fue el primer metal que utilizaron los hombres y ya en el Neolítico se elaboraban con él diversas joyas y adornos.

Color	Amarillo dorado
Abundancia	Raro
Usos	Muy variados, desde en joyería hasta para instrumentos científicos de elevada precisión

BRILLO
Metálico

DUREZA
2,5-3

RAYA
Amarillo brillante

■ Es el metal más maleable y más dúctil que se conoce, es decir, el que mejor se moldea y trabaja sin romperse.

El oro de 22 quilates, que es el más utilizado habitualmente en las monedas y en joyería, tiene más de un 91 % de pureza.

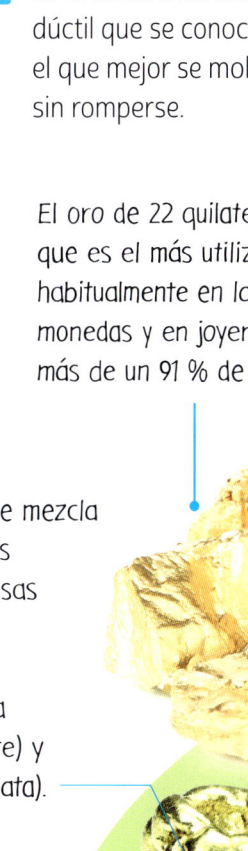

■ Aparece normalmente en forma de pepitas y entre los materiales que son arrastrados y depositados por las corrientes de agua.

■ En la actualidad, el mayor productor de oro es China.

En joyería, el oro se mezcla con otros minerales para obtener diversas coloraciones; por ejemplo, azul (hierro), rosa (plata y cobre), rojo (cobre) y blanco (paladio y plata).

■ La pepita de oro más grande que se ha hallado hasta la actualidad es la llamada «Welcome Stranger», encontrada en 1869 en Australia. Su peso en bruto era superior a 78 kg.

51 OROPIMENTE
Oro parece, pero no es

Su nombre deriva de la palabra latina *auripigmentum*, que significa «pigmento áureo o dorado», en referencia al color del mineral. A pesar de su elevada toxicidad, debida a la presencia de arsénico, fue objeto de un importante comercio en la antigüedad.

BRILLO
Nacarado

DUREZA
1,5-2

RAYA
Amarilla pálida

■ Antiguamente se empleaba para cubrir las puntas de flecha, ya que, al clavarse, producía una neurotoxina letal.

■ Funde con mucha facilidad, produciendo abundantes vapores con olor a ajo.

Color	Diversas tonalidades de amarillo
Abundancia	Rara
Usos	Para la obtención de arsénico y en el curtido de pieles

Su nombre deriva de dos términos griegos que significan «fuego» y «plata», el primero de ellos en alusión a su color y el segundo, por su composición, en la que entra la plata en pequeñas proporciones.

52 PIRARGIRITA
Un mineral raro

Color	Rojo oscuro
Abundancia	Rara
Usos	Antes, para la obtención de plata; en la actualidad, interés para el coleccionista

■ Es un mineral muy sensible a la luz, que hace que se oscurezca y se vuelva opaco.

■ En México se extraen algunos de los cristales de pirargirita de mejor calidad.

BRILLO
Rojo oscuro

DUREZA
2,5-3

RAYA
Roja púrpura

53 PIRITA — Cubos perfectos

Su color, tan parecido al del oro, ha originado que también sea conocida como el «oro de los tontos» o el «oro de los locos». Su nombre deriva de la palabra griega *pyr*, que significa «fuego», aludiendo a las chispas que despide cuando se frota con algún metal.

- Habitualmente se presenta formando cristales cúbicos perfectos, que en muchas ocasiones se unen en estructuras más complejas.

Color	Amarillo latón, dorado o grisáceo
Abundancia	Muy abundante
Usos	En la industria química para la obtención de diversos metales

No es raro que la pirita cristalice formando una pátina dorada sobre restos fósiles. Muy célebres son los *ammonites piritoides*, que alcanzan un precio muy elevado.

- Nunca se debe someter a la pirita al calor de una llama, ya que desprende unos vapores altamente tóxicos.

DUREZA
6-6,5

BRILLO
Metálico

RAYA
Negra verduzca o negra-marrón

- Una forma de diferenciar la pirita del oro es olerla: la primera desprende un olor desagradable, ya que contiene azufre.

- En contacto con el aire húmedo se altera, igual que el oro, pierde brillo y se oscurece.

54 PLATA

El metal que fija la luz

Es uno de los metales conocidos desde más antiguo; se tienen evidencias de que ya se empleaba desde hace, al menos, cuatro milenios antes de Cristo en la zona de Asia Menor y en las islas del mar Egeo. En la naturaleza se presenta en forma de plata libre o combinada formando parte de diversos minerales.

Color	Blanco plateado
Abundancia	Rara
Usos	En joyería, en las industrias fotográfica, química, médica y electrónica

Es uno de los metales más escasos en la corteza terrestre.

BRILLO
Metálico

DUREZA
2,5-3

RAYA
Blanca plateada

La plata pierde su brillo y adopta un color grisáceo oscuro cuando se expone al aire. Este cambio no se produce por oxidación, sino porque reacciona con el ozono y otros compuestos que tiene el aire.

La plata nativa aparece habitualmente en la naturaleza formando láminas, escamas o filamentos (hilos) contorneados.

La plata conduce muy bien el calor y la electricidad.

55 REJALGAR
Bello y tóxico

Su nombre procede de una expresión árabe que significa «polvo de la cueva», quizá debido a una curiosa propiedad de este mineral: si se expone durante un tiempo al aire y a la luz, se desintegra y se transforma en un polvillo rojo amarillento.

Color	Rojo dorado, rojo anaranjado
Abundancia	Raro
Usos	En pesticidas e insecticidas y para colorear los fuegos artificiales de un color blanco brillante

BRILLO
Adamantino o resinoso

DUREZA
1,5-2

RAYA
Roja anaranjada

Antiguamente se empleó en medicina, como pigmento colorante en pintura y también para la fabricación de vidrio.

Color	Rosa, rojizo, pardo
Abundancia	Poco abundante
Usos	Obtención de manganeso; los mejores cristales se pulen para joyería y ornamentación

Catamarca

56 RODOCROSITA
Bandas de color

Su nombre deriva de un vocablo griego que significa «rosa», en alusión a su color. Precisamente esa tonalidad rosada es debida a la presencia de manganeso; cuando en su composición entran otros elementos, el color se altera y puede llegar a ser hasta marrón claro.

La rodocrosita está considerada la piedra nacional de Argentina debido a los importantes yacimientos que posee, especialmente en la provincia de Catamarca.

BRILLO
Vítreo o nacarado

DUREZA
3,5-4

RAYA
Blanca

57 RUBÍ Un cristal «ardiente»

Junto con el diamante, la esmeralda y el zafiro, el rubí está considerado una de las cuatro piedras preciosas más valiosas y bellas que existen. Su color rojo brillante se debe a la presencia de hierro y cromo en su composición.

Color	Rojo brillante, de oscuro a claro, también púrpura
Abundancia	Poco abundante
Usos	Piedra preciosa en joyería; también usado en relojería y para la fabricación de láseres

El rubí con calidad de gema más grande y valioso del mundo es el «Estrella de Fura», con 55,22 quilates de peso, extraído en una mina de Mozambique.

 **BRILLO** De adamantino a vítreo

 **DUREZA** 9

 RAYA Incolora

58 RUTILO Agujas pétreas

Color	Pardo, rojo, amarillo, azulado, violeta
Abundancia	Poco abundante
Usos	Para la obtención de titanio y de pigmentos colorantes, en la industria química; interés científico y de colección

Contiene hasta un 60 % de titanio, un elemento químico de gran interés industrial que se emplea, por ejemplo, en la fabricación de misiles y naves espaciales.

En muchas ocasiones, los cristales de este mineral se hallan en la naturaleza formando finísimas agujas incrustadas en cuarzo. Por eso, en algunos lugares al rutilo se le conoce como acerico, barreta o flecha del amor.

Rutilo incrustado en cuarzo.

 **BRILLO** Adamantino

 **DUREZA** 6-6,5

 **RAYA** Parda clara, amarilla clara, gris

59 SIDERITA — Mineral «estelar»

Color	Desde amarillento a pardo oscuro, distintas tonalidades de gris
Abundancia	Muy abundante
Usos	Para la extracción de hierro

Tal como indica su nombre, derivado del griego *sideros* (hierro), este mineral es muy rico en ese elemento metálico. En ocasiones, parte de ese hierro está sustituido por manganeso (coloración negruzca), magnesio o cinc. Este mineral también se ha hallado en los meteoritos y en cuerpos celestes, como la Luna.

BRILLO
Vítreo, nacarado

DUREZA
3,5-4,5

RAYA
Blanca

Su elevada proporción de hierro (hasta casi el 59 %), lo convierte en un mineral de gran importancia económica.

60 SODALITA — Bella coloración

Color	Azul intenso, blanco, gris, a veces verde
Abundancia	Abundante
Usos	En joyería y ornamentación; para la elaboración de pigmentos

Su nombre significa «piedra de sodio» y es que ese el elemento predominante en la composición química de este mineral. Aunque otros asocian su nombre con la palabra latina *sodalitas*, que significa «compañero», debido a que este mineral suele presentarse en grupos o en compañía de otros cristales.

La sodalita la descubrió, en 1806, un mineralogista francés en tierras de Groenlandia.

La hackmanita es una variedad de sodalita rica en azufre y con propiedades fluorescentes.

BRILLO
Vítreo a graso

DUREZA
6

RAYA
Blanca

61 TALCO ¿Sabías que es un mineral?

Aunque en la naturaleza se puede presentar en una gran variedad de colores, es un mineral fácil de identificar, ya que es el más blando que existe; puede rayarse hasta con la uña. También es uno de los pocos que puede ser rayado por cualquier otro, produciendo un polvillo muy fino y untuoso al tacto.

Color	Blanco, verdoso, gris, castaño
Abundancia	Muy abundante
Usos	Muy numerosos: en la industria cosmética, farmacéutica, textil y del papel; como lubricante y espesante; ingrediente de cerámicas y pinturas

BRILLO
Subvítreo, perlado, sedoso

DUREZA
1

RAYA
Blanca

- Una de sus variedades, la esteatita o piedra jabonosa, aparece en forma de masas afieltradas de color gris verdoso.

- China es el mayor productor de talco del mundo, seguido por la India.

  Últimamente se ha limitado su uso cosmético porque se sospecha que puede ser perjudicial para la salud.

- ¿Sabías que el talco es un repelente natural de las hormigas? Estas respiran a través de diminutos orificios que tienen en el abdomen y, al acercarse al talco, el polvo se les pega al cuerpo y las asfixia.

- Conduce muy mal el calor y por eso se suele utilizar como aislante térmico.

62 TANZANITA
Escaso y precioso

Este mineral presenta una característica sorprendente: dependiendo de la dirección en que se oriente el cristal, su color se muestra de color azul zafiro, borgoña (de la tonalidad del vino) o violeta. Su nombre deriva del país en el que fue descubierto, Tanzania.

 BRILLO
Vítreo; perlado en las superficies de exfoliación

 DUREZA
6,5

 RAYA
Blanca o incolora

Existe un único yacimiento de esta piedra, en Tanzania; de esa escasez deriva su elevado precio en el mercado.

Color	Desde violeta a azul
Abundancia	Rara
Usos	En joyería

La tanzanita tallada más grande del mundo es la Reina del Kilimanjaro, de casi 740 quilates, engastada en una lujosa tiara propiedad de Michael Scott, segundo director ejecutivo de Apple hasta 1981.

Su nombre deriva de la isla Topazos (isla de San Juan), situada en el mar Rojo, donde erróneamente se creyó descubrir un nuevo mineral al que se dio ese nombre. En realidad, lo que verdaderamente se halló fue olivino.

Color	Desde incoloro a amarillo, pasando por amarillo rojizo, verde, azul y violeta
Abundancia	Abundante
Usos	Las variedades más puras se emplean en joyería

BRILLO
Vítreo

DUREZA
8

RAYA
Blanca

63 TOPACIO
Palidece con el sol

Algunos cristales alcanzan un peso de hasta 270 gr.

Sometido durante un tiempo a la luz del sol o al calor, algunas variedades pierden su color, mientras que otros adquieren un tono castaño rosado muy apreciado en joyería; son los topacios quemados o tostados.

64 TURMALINA
La de los mil tonos

Color	Casi todas las tonalidades
Abundancia	Abundante
Usos	Como gema en joyería, para fabricar instrumentos de medición de presión y en microscopios de luz polarizada

El nombre de este mineral proviene de una palabra cingalesa que significa «piedra de colores mezclados», algo que se puede aplicar muy bien a la turmalina, de la que se pueden distinguir hasta 40 variedades en función de su color y su composición.

■ Su belleza hace que alcance unos precios muy elevados y cada vez se usa más en alta joyería.

■ La variedad llamada «turmalina sandía» imita los colores de esa fruta, con el centro rojo y los bordes de color verde.

 **BRILLO**
Vítreo

 DUREZA
7-7,5

 RAYA
Marrón

65 TURQUESA
Tesoro azul

La turquesa ha sido una gema muy apreciada y usada en joyería y ornamentación por muchas culturas. Son numerosas las piezas halladas procedentes del Antiguo Egipto, China, Mesopotamia, Persia y de numerosas culturas mesoamericanas precolombinas.

Color	Verde azulado, gris verdoso
Abundancia	Rara
Usos	En joyería y como adorno

■ Las turquesas de mayor calidad se extraen en Nishapur (Irán). Este mineral es la piedra nacional del país.

■ El tesoro del emperador azteca Moctezuma II (1466-1520) contenía la figura de una serpiente tallada con este mineral.

 **BRILLO**
Vítreo, ceroso o terroso

 DUREZA
5-6

 RAYA
De blanca a azul verdosa clara

66 WOLFRAMITA

«Espuma de lobo»

Bajo este nombre se agrupa una serie de variedades minerales que tienen en común la presencia de wolframio, unido a otros componentes, como el hierro y el manganeso. Junto con la scheelita, la wolframita es el mineral más importante para la obtención industrial de wolframio.

Color	Negro grisáceo o pardo rojizo
Abundancia	Abundante
Usos	Obtención de wolframio; interés coleccionístico.

■ Funde con gran dificultad al aplicarle calor; cuando lo hace, forma un glóbulo con propiedades magnéticas.

■ A menudo aparece en los yacimientos junto a la casiterita.

BRILLO
Submetálico

DUREZA
5-5,5

RAYA
Marrón rojiza

67 ZAFIRO — Azul transparente e intenso

Una de las principales cualidades de esta piedra, además de su hermosa coloración, es su dureza y resistencia al rayado y al desgaste, lo que multiplica sus usos, tanto en joyería como en la industria.

Color	Azul ultramar
Abundancia	Rara
Usos	En joyería y ornamentación

BRILLO
Opaco

DUREZA
5-5,5

RAYA
Azul clara

68 ARENISCA La arena hecha roca

Su formación está asociada con acumulaciones de arenas transportadas por el viento o las aguas fluviales o marinas. Después de muchos años, esos depósitos arenosos se van compactando, hundiéndose en profundidad y cementándose con otros materiales.

Una de las formaciones de arenisca más famosas del mundo es el monte Uluru (Ayers Rocks), en Australia. Este monolito tiene casi 350 m de altura y 9 km de contorno.

Color	Variable, desde blanco a pardo oscuro, pasando por verde, amarillo y rojo
Ambiente de formación	Sedimentaria detrítica
Abundancia	Muy abundante
Usos	De interés en la construcción y la pavimentación; en escultura y para objetos abrasivos

69 BASALTO

Con mil colores

Color	Gris oscuro, negro
Ambiente de formación	Magmática volcánica
Abundancia	Muy abundante
Usos	En la construcción y la pavimentación

Es la roca volcánica más abundante, tanto en la superficie terrestre como en los fondos oceánicos, y también una de las que posee mayor dureza. También se ha hallado en la superficie de la Luna, de Venus y Marte, así como en algunos meteoritos.

Una de las formaciones de basalto más famosas del mundo es la Calzada de los Gigantes, en Irlanda, compuesta por unas 40000 columnas hexagonales de esta roca. Las más altas tienen unos 12 m de altura.

CALIZA
Pilar para la construcción

El componente mayoritario de esta roca (hasta el 50 %) es el carbonato cálcico, habitualmente en forma de calcita. Los otros componentes minoritarios que puede llevar asociados son los que modifican su color y su grado de resistencia y dureza.

Color	Muy variable: blanco, amarillento, rosa, rojo, gris o negro
Ambiente de formación	Sedimentaria
Abundancia	Muy abundante
Usos	En la construcción y la pavimentación; fabricación de cal y cemento; las variedades más bellas, para ornamentación y joyería

El origen de algunas calizas está relacionado con la precipitación del carbonato cálcico en presencia de agua y dióxido de carbono. Por ejemplo, las estalactitas y estalagmitas de las cuevas.

Las calizas fosilíferas están formadas por esqueletos de animales marinos que vivieron hace millones de años.

Al tratarla con ácido clorhídrico produce efervescencia por el desprendimiento de gas carbónico.

Otras calizas tienen un origen biológico, por acumulación del carbonato cálcico que los seres vivos utilizan para construir su esqueleto. Un ejemplo son los arrecifes de coral.

71 CARBÓN MINERAL
Fuente de calor

El componente principal de esta roca es el carbono y dependiendo de su porcentaje se distinguen varios tipos de carbón: turba (50-55 %), lignito (55-75 %), hulla (75-90 %) y antracita (90-95 %). A menor cantidad de carbono, menor poder calorífico.

Color	Negro
Ambiente de formación	Sedimentaria organógena
Abundancia	Poco abundante
Usos	Como fuente de energía doméstica e industrial

- El carbón se origina por descomposición de los vegetales terrestres que se han acumulado en zonas pantanosas, lagunares o marinas de poca profundidad.

- El proceso de formación del carbón dura millones de años. Así, la mayoría del que utilizamos actualmente procede de los periodos Carbonífero (359-299 millones de años) y Cretácico (145-66 millones de años).

Esta roca se forma por la unión de fragmentos redondeados procedentes de uno o de varios tipos de roca. Esos fragmentos van desde los 4 mm hasta el metro de diámetro. Su aspecto es muy variable, pues tanto su color como su estructura dependen de los componentes cimentados.

72 CONGLOMERADO
Con mil formas

Color	Muy variable
Ambiente de formación	Sedimentaria detrítica
Abundancia	Muy abundante
Usos	Interés geológico y para colección

- Su formación siempre está asociada a sedimentos marinos, fluviales o glaciares en zonas de poco fondo.

Un famoso paisaje de conglomerados son los pináculos de Meteora, en Grecia, declarados Patrimonio de la Humanidad.

73 CUARCITA

En herramientas prehistóricas

Es una roca dura, muy abundante en la corteza terrestre y con un elevado contenido en cuarzo (90-99 %). Es precisamente ese componente el que ha dado nombre a la cuarcita.

Color	Blanco, gris, rosado, rojizo
Ambiente de formación	Metamórfica
Abundancia	Muy abundante
Usos	Para la construcción, pavimentación y revestimiento, en la industria del vidrio, la cerámica y para refractarios; en escultura

- Durante la Edad de Piedra se usó en muchas ocasiones como sustituta del sílex, aunque su calidad era menor.

- En Argentina se la conoce como «piedra del Mar del Plata» debido a que abunda en esa zona.

La cuarcita tiene muy baja porosidad, por lo que apenas absorbe líquidos u otras filtraciones que la manchan y deterioran. Por eso se suele emplear en encimeras de cocina o en revestimientos de baños.

Esta roca se origina por las elevadas presiones y las altas temperaturas que hay en el interior de la Tierra, a partir de magmas (mezcla de rocas fundidas, minerales sólidos y gases).

74 DIORITA

De las entrañas de la Tierra

Color	Gris oscuro, gris negruzco
Ambiente de formación	Magmática intrusiva
Abundancia	Rara
Usos	Para la construcción, en forma de láminas pulidas; en escultura

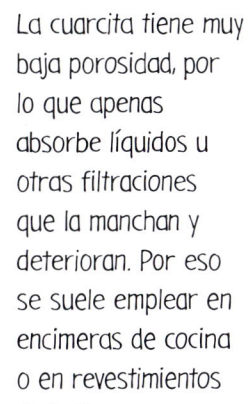

Los antiguos egipcios la usaron mucho como material para la escultura. Por ejemplo, la estatua del faraón Kefrén sentando en su trono está realizada con un bloque de diorita de 1,68 m de altura.

75 GNEIS Destellos brillantes

Algunos piensan que su nombre procede de un término alemán que significa «chispear», debido a que los minerales que componen esta roca despiden pequeños destellos brillantes, especialmente la mica.

■ Se trata de una roca de estructura foliada, es decir, sus minerales se orientan en bandas bien definidas, alternando colores claros y oscuros.

Color	Azul verdoso
Ambiente de formación	Metamórfica
Abundancia	Muy abundante
Usos	Antiguamente, para la pavimentación de carreteras y, en bloques, para la construcción de bordillos de aceras y arcenes

El bloque llamado «gneis Acasta», situado en una isla de Canadá, se cree que es el fragmento de corteza intacta más antiguo de la Tierra, formado hace unos 4000 millones de años.

76 GRANITO Extraordinaria dureza

Debido a su gran resistencia a la erosión y su extraordinaria dureza, el granito se ha empleado desde tiempos prehistóricos en diversos elementos de construcción, pavimentación y escultura.

Las conocidas «torres» del macizo Paine, en Chile, que dan nombre al parque nacional Torres del Paine, son grandes monolitos de granito.

Color	Gris claro, blanco, amarillo, rosado
Ambiente de formación	Magmática intrusiva
Abundancia	Muy abundante
Usos	En construcción, obras de ingeniería, escultura, monolitos conmemorativos y como fuente importante de minerales de interés económico

77 KIMBERLITA
Modesta cuna del diamante

Su nombre proviene de la ciudad de Kimberley (Sudáfrica), donde en 1871 se descubrió un diamante de más de 16 gr que dio origen a la llamada «fiebre de diamantes». Tras el hallazgo, se excavó la mina conocida como Big Hole, el mayor agujero excavado a mano en el mundo (240 m de profundidad x 463 m de ancho).

Big Hole en Kimberley

El gran interés de la kimberlita es que a veces contiene cristales diseminados de la piedra preciosa más codiciada, el diamante.

Color	Negro, azulado, verdoso, amarillento
Ambiente de formación	Magmática intrusiva
Abundancia	Rara
Usos	Es la principal roca madre del diamante

78 MARGA
Base del cemento

Es una roca compuesta básicamente de calcita y arcillas en diferentes proporciones. También lleva trazas de cuarzo y mica, y frecuentemente incluye nódulos de yeso y pirita. A menudo contiene fósiles.

Esta roca se origina como depósito de materiales que han experimentado un prolongado transporte, en un entorno marino o lacustre.

Color	Blanquecina, grisácea, pardo amarillento, rojizo, verde azulado
Ambiente de formación	Sedimentaria
Abundancia	Abundante
Usos	Materia prima para la obtención de cemento

79 MÁRMOL
Una roca «artística»

A lo largo de la historia, esta roca de estructura compacta y cristalina se ha utilizado en construcción y en las bellas artes. Fue el material favorito de griegos y romanos, que lo consideraban un símbolo de poder, y han dejado numerosas muestras de su uso, como la estatua de la Venus de Milo o el Coliseo de Roma.

En Chile hay una bellísima formación natural, conocida como la Capilla de mármol y declarado monumento nacional, compuesta por un conjunto de formaciones de este material que incluyen escarpes, cavernas e islotes.

Color	Blanco, a veces jaspeado o con motas grises, negras, cremas, rojizas, verdosas, azuladas
Ambiente de formación	Metamórfica
Abundancia	Abundante
Usos	Extraordinario interés industrial, tanto del material en bruto como pulimentado, y materia prima para construcción, decoración y escultura

■ Cortado en láminas finas es traslúcido y al pulirlo presenta un brillo natural.

El mármol blanco de mayor pureza se extrae de Carrara, en los Alpes Apuanos de Italia.

■ El mármol está compuesto básicamente por carbonato cálcico, en una proporción que puede superar el 90 %.

El Taj Mahal, en Agra (India), es un monumento funerario hecho completamente con mármol blanco. Se cree que se emplearon más de mil elefantes para el traslado del pesado material.

OBSIDIANA

La piedra de los aztecas

Los antiguos aztecas eran unos maestros en el tallado de la obsidiana. Con ella fabricaban armas de guerra, instrumentos de cirugía y cuchillos, ya que sus bordes eran tan afilados y cortantes como los de un bisturí, y también espejos o figurillas.

Color	Oscuro, desde negro brillante a verde muy oscuro, pasando por rojizo o marrón, a veces con vetas blancas, negras y rojas
Ambiente de formación	Magmática efusiva
Abundancia	Poco abundante
Usos	En la industria para fabricación de fibra mineral; interés científico y para coleccionistas

MÉXICO

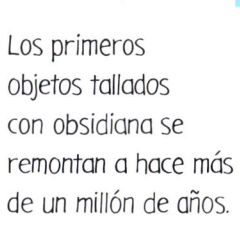

Imperio azteca

Los primeros objetos tallados con obsidiana se remontan a hace más de un millón de años.

Su origen hay que buscarlo en el rápido enfriamiento de un magma fluido pobre en elementos volátiles (gaseosos).

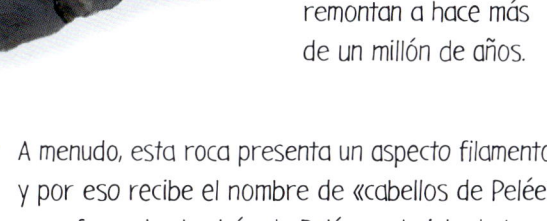

A menudo, esta roca presenta un aspecto filamentoso y por eso recibe el nombre de «cabellos de Pelée», en referencia al volcán de Pelée, en la isla de La Martinica, uno de los más destructivos del mundo.

Las pupilas de los ojos de los moáis de Rapa Nui, en la isla de Pascua (Chile), están realizadas con este material.

También recibe el nombre de vidrio volcánico debido a su textura cristalina y a su origen.

81 PIZARRA ¿Pintamos en el aula?

La característica más notable de esta roca es que puede dividirse en capas o láminas muy finas, lo que hace que sea sencillo conseguir losetas delgadas aptas para techar o crear senderos en jardines y exteriores. Además, es impermeable al agua.

Color	Gris azulado oscuro, negro
Ambiente de formación	Metamórfica
Abundancia	Poco abundante
Usos	En construcción y en forma de tablero para escribir con tiza

■ Desde el siglo XVIII hasta mediados del XX, la pizarra fue muy habitual en las escuelas como base para escribir con tiza.

82 PUMITA

La «piedra pómez»

Esta roca se forma en las fases iniciales de explosión de los volcanes que expulsan muchos vapores gaseosos. Uno de los que más pumita ha emitido a lo largo de su historia es el volcán Vesubio, en Italia. En su erupción del año 79, sus cenizas, lavas y bombas volcánicas arrasaron y sepultaron la ciudad de Pompeya.

Color	Gris claro, amarillo, rojo
Ambiente de formación	Magmática volcánica
Abundancia	Poco abundante
Usos	En la industria como abrasivo suave, para el tratamiento de metales blandos, como aislante ligero en construcción; en cosmética como abrasivo para las durezas de los pies; interés científico y de colección

■ Una de sus características más notables es su textura, con abundantes poros y espacios huecos que le permiten flotar en el agua.

83 SERPENTINITA Serpiente pétrea

Su nombre proviene de la textura y el tacto de la roca, que puede recordar a los de la piel de una serpiente. Se forma por la transformación de otras rocas, las peridotitas, que constituyen el manto terrestre, en unas condiciones de presión no demasiado elevadas y a una temperatura de unos 400 °C.

Color	Verde claro o amarillento, con inclusiones blanquecinas
Ambiente de formación	Metamórfica
Abundancia	Poco abundante
Usos	En la construcción para el revestimiento de edificios; interés científico y de colección

■ Más del 75 % del total de sus componentes está formado por el mineral serpentina.

En realidad, no se trata de una sola roca, sino de un grupo con características comunes que tomó su nombre de la antigua localidad de Siene, en Egipto, donde había canteras de este material, que se empleaba mucho para realizar objetos ornamentales.

■ Los primeros depósitos de sienita aparecieron en nuestro planeta en el momento de su nacimiento, hace unos 4600 millones de años.

84 SIENITA
Múltiples componentes

Color	Rosáceo, violáceo o grisáceo
Ambiente de formación	Magmática intrusiva
Abundancia	Poco abundante
Usos	En edificación en forma de losas pulidas; para la extracción de metales raros cuando aparece asociada a ellos

85 SÍLEX Reinó en la Prehistoria

Esta roca, denominada sílex o pedernal, fue la materia prima esencial para la fabricación de la mayoría de los utensilios (hachas, puntas de flecha, raspadores, buriles, etc.) empleados por el hombre durante la época prehistórica.

- Los componentes principales de esta roca son calcedonia, ópalo y moganita, además de otros como calcita y hematites.

- Puede contener restos de fósiles.

Color	Blanco, gris, rojo o negro
Ambiente de formación	Sedimentaria
Abundancia	Muy abundante
Usos	Antiguamente, para prender fuego y hacer herramientas con bordes afilados; como material de construcción y en cerámica

86 TRAQUITA
En los adoquines

Su nombre proviene de la palabra griega *traquis*, que significa «áspero», ya que al tacto la textura de la roca presenta una rugosidad muy manifiesta. También es posible diferenciarla por su aspecto, pues está formada por abundantes cristales grandes (2,5-5 cm) inmersos en una matriz de grano muy fino.

Color	Blanco, gris claro, pardo o verdoso
Ambiente de formación	Magmática volcánica
Abundancia	Poco abundante
Usos	En construcción como revestimiento exterior y para pavimentación y adoquinado

- Es una roca que no absorbe el agua, sino que resbala por su superficie, por lo que no existe el riesgo de que se fragmente con las bajas temperaturas. Por eso se emplea para revestimientos de edificios.

YESO Valor industrial

Su principal y casi único componente es el yeso mineral en su variedad selenita (sulfato de calcio hidratado). También puede contener sal gema y otras sales marinas, además de calcita, arcillas y limonita.

Color	Blanco, gris, rojo, pardo o verdoso
Ambiente de formación	Sedimentaria
Abundancia	Muy abundante
Usos	En construcción para la fabricación de yeso de albañilería y estucos; en la industria papelera y en la de fertilizantes; el alabastro, en decoración

■ Las llamadas «rosas del desierto» son estructuras en forma de flor, compuestas por la agrupación de cristales de yeso y arena. Se forman en ambientes con poca humedad y elevadas temperaturas.

■ Una variedad de esta roca es el alabastro, que es un yeso compacto de aspecto similar a la cera.

■ La mayoría de los yesos se formaron durante el Triásico y el Terciario, es decir, hace unos 266 millones de años.

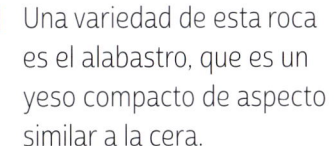

Es una roca muy blanda, que se puede rayar con la uña, excepto en la variedad alabastro.

La Mezquita de Alabastro o de Muhammad Alí, en El Cairo, recibe ese nombre porque el exterior de los pisos inferiores está recubierto de esa variante del yeso.

88 AMMONITES Y BELEMNITES

«Calamares» prehistóricos

Los fósiles son los restos que se conservan de un ser vivo que habitó nuestro planeta hace muchísimo tiempo. Los de estos dos animales, que pertenecían al grupo de los moluscos cefalópodos, igual que los calamares y las sepias actuales, fueron muy numerosos en la Tierra hace entre 400 y 65 millones de años.

Los ammonites tenían el cuerpo protegido por una concha externa enrollada sobre sí misma y con una abertura en el extremo, por la que el animal sacaba la cabeza, rodeada de tentáculos.

FÓSIL DE AMMONITES

Grupo	Moluscos cefalópodos
Hábitat	Acuático marino
Alimentación	Pequeños moluscos y crustáceos
Vivieron...	... desde mediados del periodo Devónico hasta finales del Cretácico, hace unos 400-65 millones de años

Los belemnites se parecían mucho a los calamares actuales; igual que ellos, se desplazaban emitiendo agua y se defendían de los predadores lanzando un chorro de tinta.

FÓSIL DE BELEMNITES

Fósil completo de belemnites, incluyendo las partes blandas.

89 DIMETRODON
Terrible depredador

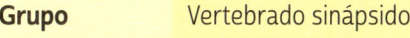

Su nombre significa «diente de dos medidas» y es que este animal poseía dos tipos de dientes: un par de caninos grandes y puntiagudos en la mandíbula superior; el resto de los dientes era más pequeño de tamaño, pero con los bordes bien aserrados para desgarrar la carne de sus presas.

Grupo	Vertebrado sinápsido
Tamaño	De 60 cm a más de 3 m de largo De 28 a 250 kg de peso
Hábitat	Terrestre, en llanuras inundables y márgenes de lagos
Alimentación	Carnívoro
Vivió...	... en la primera mitad del periodo Pérmico, hace unos 299-270 millones de años

90 ERIZO HETERASTER
En los mares del pasado

Grupo	Invertebrado equinodermo
Tamaño	Hasta 5 cm de longitud
Hábitat	Acuático marino
Alimentación	Detritívora
Vivió...	... en el periodo Cretácico, hace unos 145-66 millones de años

Este erizo de mar prehistórico vivía enterrado en el lodo blando de los fondos marinos poco profundos. Se cree que era una especie muy longeva, que podía llegar a vivir hasta 100 años. Se le considera un fósil guía o característico del periodo Cretácico.

■ La parte superior del caparazón tenía una forma oval, alargada y algo abombada, mientras que la inferior era plana.

■ Eran animales de movimiento muy lento, que se alimentaban de detritos o materia orgánica en descomposición.

91 ICNITAS DE DINOSAURIOS
Huellas de otro tiempo

La palabra icnita se refiere a cualquier huella, marca o rastro que haya dejado un organismo en las rocas o en el terreno donde desarrolló su actividad vital. Las más comunes son las de dinosaurios, que han llegado hasta nosotros en forma de grandes pisadas o huellas de sus patas.

Grupo	Vertebrados reptiles
Tamaño	Muy variable, según las especies
Hábitat	Ambientes continentales
Alimentación	Carnívora, herbívora, carroñera

■ En muchas ocasiones, resulta imposible conocer la especie concreta de dinosaurio que dejó su huella impresa en el terreno.

■ La huella de dinosaurio más grande del mundo se ha localizado en Australia. Mide casi 1,75 m de largo... ¡más que la altura de muchas personas!

92 MAMUT LANUDO
Un gigante peludo

Este animal convivió con el hombre prehistórico, que dejó testimonio de su existencia en las pinturas que realizó en las cavernas. Su aspecto y sus dimensiones eran muy similares a las del elefante actual, pero tenía la cabeza, el cuerpo y las patas cubiertas de una densa capa de pelo que le protegía del frío.

Los colmillos tenían una forma curvada, medían hasta 5 m de longitud y pesaban unos 50 kg.

Grupo	Vertebrado mamífero
Tamaño	Unos 6 m de largo y hasta 3,5 m de alzada. Alrededor de 6 toneladas de peso
Hábitat	Tundras y estepas frías
Alimentación	Herbívora
Vivió...	... desde el Plioceno hasta el periodo Cuaternario, entre unos 4,8 millones de años y unos 3700

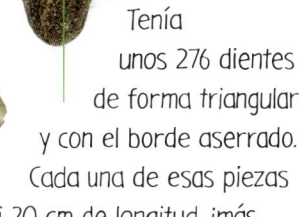

93 MEGALODÓN

Temible depredador

Su nombre, que significa «diente grande», ya nos da una pista sobre el tamaño de este enorme tiburón prehistórico, que está considerado el mayor y más poderoso depredador de todos los vertebrados conocidos.

Grupo	Vertebrado pez cartilaginoso
Tamaño	Entre 11 y 18 m de largo. Alrededor de 60 toneladas de peso
Hábitat	Marino
Alimentación	Carnívora
Vivió...	... desde principios del Mioceno hasta finales del Plioceno, hace unos 20-2,5 millones de años

 Esos dientes enormes se insertaban en unas mandíbulas tan potentes, que la fuerza de una dentellada de este tiburón era de 10 toneladas.

Tenía unos 276 dientes de forma triangular y con el borde aserrado. Cada una de esas piezas mortales medía casi 20 cm de longitud, ¡más largos que un lápiz!

94 OSO CAVERNARIO

Gigante aterrador

Tanto su nombre habitual como el científico (*Ursus spelaeus*) derivan del hecho de que los primeros restos fósiles se hallaron en el interior de una cueva, ya que ese tipo de formaciones eran sus refugios habituales.

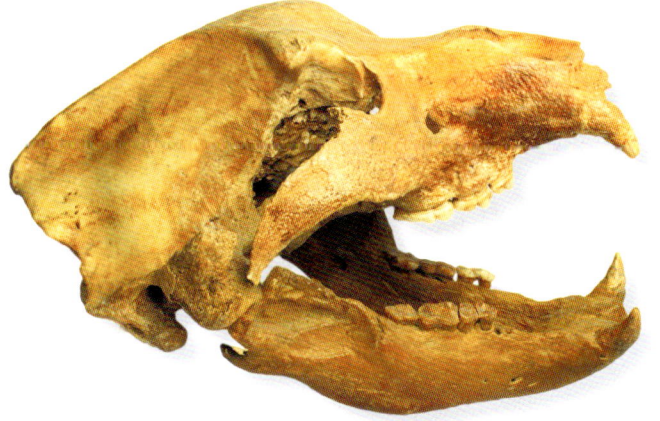

Grupo	Vertebrado mamífero
Tamaño	Más de 1,30 m de altura en la cruz; 2 m de largo. Macho: hasta 600 kg de peso; hembra: unos 250 kg
Hábitat	Zonas boscosas
Alimentación	Omnívora
Vivió...	... desde el Pleistoceno tardío hasta épocas recientes, hace unos 129 000-24 000 años

95 PSITTACOSAURUS

El lagarto loro

Este dinosaurio tenía un aspecto muy singular, ya que la boca terminaba en un pico similar al de los loros, característica a la que alude su nombre, y de las mejillas le sobresalían un par de pequeños cuernos puntiagudos.

Grupo	Vertebrados reptiles
Tamaño	2-2,5 m de longitud y 0,5 m de altura. Más de 20 kg
Hábitat	Zonas boscosas
Alimentación	Herbívora
Vivió...	... de principios a mediados del periodo Cretácico, hace unos 130-100 millones de años

El grupo contaba con «guarderías» en las que se reunían las crías de varias parejas, que quedaban a cargo de un adulto. Mientras, el resto iba en busca de alimento.

96 QUETZALCOATLUS

Gran coloso alado

Este reptil volador recibe su nombre del dios azteca Quetzalcóatl, la serpiente emplumada. Pero, en realidad, este gigante del aire no tenía plumas, ni tampoco escamas o placas; parece que ¡tenía el cuerpo cubierto de pelo!

Se estima que sus enormes ojos, con unos 10 cm de diámetro y dotados con 100 000 nervios ópticos, le daban una agudeza visual cuatro veces mejor que la de un humano.

Grupo	Vertebrado reptil
Tamaño	Hasta 12 m de envergadura y 4 m de alto. Entre 200 y 250 kg
Hábitat	Parece que en planicies interiores
Alimentación	Carnívora y carroñera
Vivió...	... en el Cretácico superior, hace unos 100-66 millones de años

97 RINOCERONTE LANUDO

Peludo y con cuernos XXXL

Esta imponente criatura estaba cubierta de pelo espeso y largo, tenía un cuerpo robusto, y patas cortas y gruesas; unas cualidades que le permitían soportar el intenso frío de la edad del hielo y que, al mismo tiempo, le convertían en una criatura capaz de imponer respeto a todos.

Grupo	Vertebrado mamífero
Tamaño	Más de 3,5 m de largo y 2 m de alto. Unos 3.000 kg de peso
Hábitat	Zonas de estepa y tundra
Alimentación	Herbívora
Vivió...	... desde el Pleistoceno hasta épocas recientes, hace unos 3 millones -30.000 años

98 SARCOSUCHUS

Cocodrilo carnívoro

Grupo	Vertebrado reptil
Tamaño	Casi 12 m de largo. Alrededor de 8 toneladas de peso
Hábitat	Zonas selváticas y pantanosas
Alimentación	Carnívora
Vivió...	... en el periodo Cretácico inferior, hace unos 145-110 millones de años

Este impresionante animal es el cocodrilo más grande que haya existido jamás. Solo su cabeza medía 1,80 m de largo, unas dimensiones comparables a ¡la altura de un hombre! Vivió en el territorio que hoy ocupa el desierto del Sáhara y que entonces era una zona selvática y pantanosa.

■ Sus mandíbulas eran tan extraordinariamente grandes y largas que en su interior podría caber un hombre adulto.

TIGRE DIENTES DE SABLE

Con enormes cuchillos

Bajo esta denominación se agrupa una serie de enormes félidos prehistóricos del género *Smilodon*, palabra que significa «diente de cuchillo de doble hoja». Este nombre hace referencia a los dos grandes colmillos o «sables» curvos con los que iba armado el animal, tanto el macho como la hembra, y que sobresalían unos 20 cm de la boca.

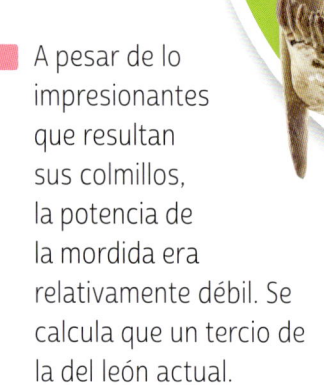

Grupo	Vertebrado mamífero
Tamaño	Más de 2,5 m de largo y 1,25 m de alto en la cruz. Hasta 300 kg de peso
Hábitat	Llanuras y estepas
Alimentación	Carnívora
Vivió...	... desde finales del Plioceno hasta épocas recientes, hace unos 2,5 millones-12.000 años

A pesar de lo impresionantes que resultan sus colmillos, la potencia de la mordida era relativamente débil. Se calcula que un tercio de la del león actual.

Su cerebro era más pequeño que el de los félidos actuales, pero el sentido el olfato estaba más desarrollado.

Sus presas favoritas eran los animales grandes, a los que doblegaba con su fuerza, ya que él no era muy veloz.

El borde posterior de los colmillos estaba aserrado, para seccionar las arterias y la tráquea al morder en el cuello a sus presas.

Las patas eran muy fuertes y potentes, con el fin de poder sujetar e inmovilizar a las grandes presas que cazaba.

100 TIRANOSAURIO
El rey de los dinosaurios

Pocos animales han sido tan conocidos y estudiados como este enorme dinosaurio, que se ha ganado una merecida fama de feroz y despiadado cazador. Aunque tenía otros parientes más grandes que él, sin duda fue uno de los mayores depredadores que ha existido en nuestro planeta.

- No era un animal muy veloz, pero tampoco lo necesitaba porque no perseguía a sus presas; las embestía con violencia y, si no las mataba del golpe, las sujetaba y les mordía en el cuello hasta que murieran.

- El mayor cráneo que se ha hallado mide más de 1,5 m de largo, ¡algo menos que la altura de una puerta!

- Solo se han encontrado 32 fósiles adultos, lo que equivale a uno de cada 80 millones de tiranosaurios.

- Casi todos los fósiles de tiranosaurio se han encontrado en un mismo yacimiento: Hell Creek, Montana, EE.UU.

Su boca estaba armada con unos 60 dientes muy fuertes y de hasta 19 cm de largo, casi la medida de la mano de un hombre adulto.

Grupo	Vertebrado reptil
Tamaño	Entre 12 y 15 m de largo y 6 m de alto. Entre 6 y 10 toneladas de peso
Hábitat	Llanuras y bosques subtropicales
Alimentación	Carnívora y carroñera
Vivió...	... a finales del periodo Cretácico, hace unos 68-66 millones de años

Artrópodo prehistórico

Su nombre proviene del término griego *trilobos*, que significa «trilobulado», en referencia a las tres divisiones longitudinales que muestra su cuerpo. La denominación agrupa a unas 22 000 especies características del Paleozoico, que vivieron en todos los mares de la Tierra durante casi 300 millones de años.

Grupo	Invertebrados artrópodos
Tamaño	Desde pocos milímetros hasta más de 60 cm
Hábitat	Acuático marino
Alimentación	Plancton y pequeños animales
Vivió...	... desde el periodo Cámbrico hasta finales del Pérmico, hace unos 539-250 millones de años

■ Su cuerpo era aplanado, con forma ligeramente ovalada, y estaba protegido dorsalmente por una gruesa cutícula impregnada de carbonato cálcico.

Los trilobites poseían un par de antenas similares a las de los insectos modernos.

■ Recientes estudios parecen revelar que estos animales respiraban a través de unas estructuras similares a branquias que colgaban de sus patas.

Los trilobites eran exclusivamente marinos, y se alimentaban filtrando el barro del fondo del mar en el que vivían para obtener su comida.